Armin Täubner

Ihr Kinderlein, kommet

Weihnachtliche Fensterbilder aus Tonkarton fürs Kinderzimmer

frechverlag

Im frechverlag sind von Armin Täubner weitere Bücher zum Thema „Basteln mit Tonkarton“ erschienen. Hier eine Auswahl:

TOPP 1703

TOPP 1696

TOPP 1850

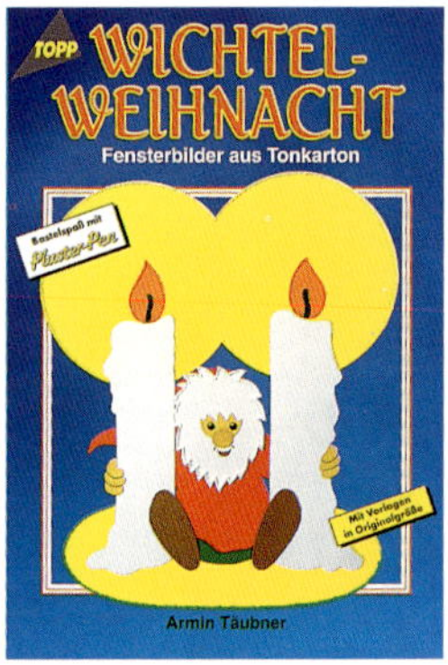

TOPP 1841

TOPP 1839

Wir danken für die freundliche Abdruckgenehmigung für das Lied von S. 3, entnommen aus: „Advents- und Weihnachtslieder, zum Mitsingen für die ganze Familie“, herausgegeben von Walter Hansen, Orbis Verlag, 1991.

Fotos: frechverlag GmbH + Co. Druck KG, 70499 Stuttgart; Birgitt Gutermuth

Auflage: 5. 4. 3. 2. 1. | Letzte Zahlen
Jahr: 1999 98 97 96 95 | maßgebend

ISBN 3-7724-1982-8 · Best.-Nr. 1982
Druck: frechverlag GmbH + Co. Druck KG, 70499 Stuttgart

Ihr Kinderlein, kommet, o kommet doch all

2. O seht in der Krippe im nächtlichen Stall,
Seht hier bei des Lichtleins hellglänzendem Strahl
in reinlichen Windeln das himmlische Kind
viel schöner und holder, als Engel es sind.

3. Da liegt es, das Kindlein, auf Heu und auf Stroh;
Maria und Joseph betrachten es froh.
Die redlichen Hirten knien betend davor;
hoch oben schwebt jubelnd der Engelein Chor.

4. O beugt wie die Hirten anbetend die Knie,
erhebet die Händlein und danket wie sie.
Stimmt freudig, ihr Kinder – wer sollt' sich nicht freun? –
stimmt freudig zum Jubel der Engel mit ein!

5. Was geben wir Kinder, was schenken wir dir,
du bestes und liebstes der Kinder, dafür?
Nichts willst du von Schätzen und Reichtum der Welt,
ein Herz nur voll Demut allein dir gefällt.

6. So nimmt unsre Herzen zum Opfer denn hin;
wir geben sie gerne mit fröhlichem Sinn;
und mache sie heilig und selig wie deins,
und mach sie auf ewig mit deinem in eins.

Text: Christoph von Schmid Melodie: Johann Abraham Peter Schulz

Schritt-für-Schritt-Anleitung

1

Übertragen Sie alle Motivteile ohne Überschneidungen auf Transparentpapier, das Sie anschließend auf einen dünnen Karton kleben.

2

Dann werden die Teile ganz exakt mit einer Schere oder einem Cutter ausgeschnitten, das sind Ihre Schablonen.

3

Legen Sie die Schablonen auf den Tonkarton der gewünschten Farbe. Die Umrisse werden sorgfältig mit einem feinen Bleistift nachgezogen, dann schneiden Sie die einzelnen Teile in der benötigten Anzahl aus.

4

Zum Schluß stellen Sie Ihr Motiv zusammen – die Vorlagen und das Foto geben Ihnen Positionierungshilfen. Zuletzt werden mit dem Tuschefüller oder einem feinen schwarzen Filzstift das Gesicht und die Holzmaserung aufgemalt.

Erklärung der Piktogramme

Stall

Rahmen

Krippe mit Christkind

Christkind

Engel

Maria

Josef

Kinder

Hirten

Tiere

Komet

Spielzeug

Sonstiges (Sterne, Besen, Hirtenstab, Laterne, Stroh)

Die einzelnen Motive sind jeweils mit genauen Angaben versehen, welche Einzelteile miteinander kombiniert werden.

Beispiel:

Zur Krippe her kommet

Seite 8

Nr. 1

Marina
Antje

Die einzelnen Teile finden Sie in Originalgröße auf dem Vorlagenbogen. Sie können sie auch nach Ihren Vorstellungen kombinieren und auf diese Weise neue Fensterbilder gestalten.

Ihr Kinderlein, kommet

Nr. 4
samt Krippe

Anja
Susi
Rita

Ochse
Katze

Ente
Teddy

Kommet doch all

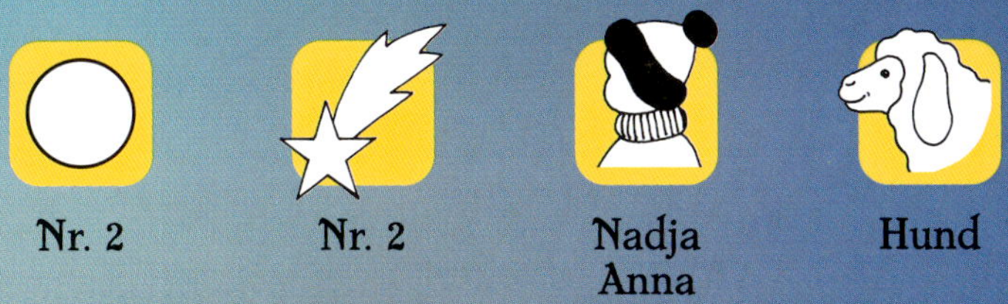

Zur Krippe her kommet

Nr. 1

Marina
Antje

In Bethlehems Stall

Nr. 1

Schafe

In dieser hochheiligen Nacht

Nr. 1 | Nr. 2 | 2 x Nr. 2 | Daniel Anja Lena A | Ente

Der Vater im Himmel für Freude uns macht

Nr. 1 **Christkind** **Nr. 3**

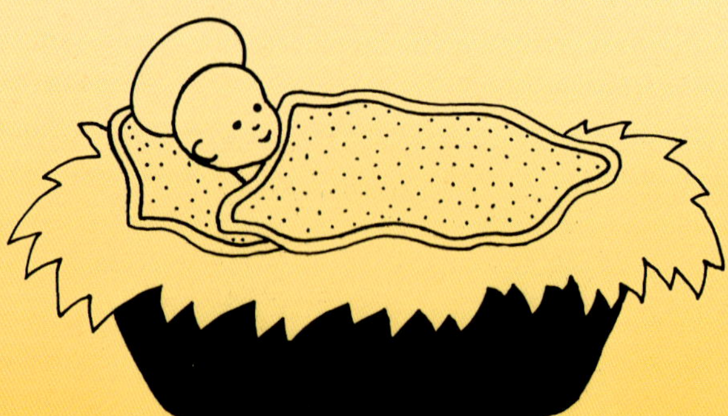

O seht in der Krippe

Nr. 3

Lena A
Daniel

Nr. 1

Im nächtlichen Stall

Nr. 3 mit Esel | Nr. 5 | Jan | Teddy | Besen

Bei des Lichtleins hellglänzendem Strahl

Nr. 1

Nr. 6

Lena B

Nr. 1

5 Sterne

In reinlichen Windeln

Nr. 1 Nr. 6 Nr. 1 4 Sterne

Schöner und holder, als Engel es sind

Nr. 2

Nr. 2

Auf Heu und auf Stroh

Nr. 4 samt
Krippe und
Jesuskind

Ochse
Katze

Maria und Josef ...

Nr. 1

Nr. 1

Christkind

... betrachten es froh

Nr. 2

Nr. 2

Nr. 7

Laterne

Jubelnd der Engelein Chor

Nr. 5

Nr. 4

Nr. 1
Nr. 2

Lena A

2 x Nr. 2

Lamm

Stroh
Hirtenstab

O beugt wie die Hirten

Nr. 5

Nr. 4

Nr. 1
Nr. 2

Lamm

Stroh
Hirtenstab

Wer sollt' sich nicht freun?

Nr. 2

Nr. 7

Was geben wir Kinder?

Nr. 3 mit Jesuskind

Nr. 4

Lisa
Julia

Was schenken wir Dir?

Nr. 1 | Nr. 2 | 2 x Nr. 2 | Tina Anja Susi | Ente Teddy

Du bestes und liebstes der Kinder

Nr. 2

Nr. 1

Lena A

Schafe

Nr. 3